AF311608

A Marianne,
Mario.
Mafie, fils, et amie.

Au magnifique tragédien *ÉMILE RAYMOND*

ŒDIPE CHEZ SES FILS

MARIO DE LA TOUR

ŒDIPE CHEZ SES FILS

Représenté pour la première fois le……. 1896

à la Comédie-Parisienne

par le Théâtre des Poètes

IMPRIMERIE CHARLES SCHLAEBER
257, rue Saint-Honoré, Paris.
—
1896

ŒDIPE CHEZ SES FILS

DRAME ANTIQUE

<table>
<tr><td>Personnages</td><td>Acteurs</td></tr>
<tr><td>Œdipe. . . .</td><td>M. EMILE RAYMOND.</td></tr>
<tr><td>Antigone. . .</td><td>Mlles LORA.</td></tr>
<tr><td>L'Esclave . .</td><td>GRUMBACH.</td></tr>
<tr><td>Le chœur. . .</td><td></td></tr>
<tr><td>Polynice . . .</td><td>BELLE.</td></tr>
<tr><td>Etéocle . . .</td><td></td></tr>
<tr><td>Créon. . . .</td><td></td></tr>
<tr><td>Ismène . . .</td><td></td></tr>
<tr><td>La Voix d'Apollon</td><td></td></tr>
</table>

Le péristyle du palais d'Œdipe. Devant le seuil, l'autel de
Zeus et le tombeau de la reine Jocaste.

I

L'esclave devant le tombeau.

L'ESCLAVE

Qui je suis, et pourquoi, malgré mon épouvante,
J'étais couchée ici dans ce tombeau vivante ?
Sachez-le ! c'est qu'étant esclave j'obéis
A l'ordre impérieux des rois de ce pays.
Etéocle, en effet, Polynice, son frère,
Ont mis sur moi ce lourd vêtement funéraire.

Dans quel but, le voici : fils d'Œdipe tous deux
Ils ont honte aujourd'hui de ce père hideux,
Ils rougissent d'avoir dans leur palais splendide
Cet opprobre vivant, ce front toujours livide,
Ils ont peur, nourrissant l'aveugle horrible à voir,
D'être dépossédés du souverain pouvoir.
Le peuple ouvertement chaque jour dans la ville,
S'agite et gronde au loin comme un fleuve indocile.
Des cris séditieux montent jusqu'à ces murs,
La ville ne veut plus obéir aux Impurs !
D'autre part, âpre angoisse, étrange destinée,
Ayant atteint le doux âge de l'hyménée,
Eux, rois de Thèbe, ils ont vainement imploré
Des autres rois d'Hellas une épouse à leur gré.
Nul messager ne vient ou la rude réponse
Au cœur des fils d'Œdipe ainsi qu'un fer s'enfonce.
Qui voudrait voir s'unir sa race sous les cieux
Aux fils du parricide et de l'incestueux !
Ils ont donc résolu, — du moins je l'imagine, —
De s'affranchir du poids de leur triste origine.
Ils vont se proclamer d'un prodigieux sang
Non fils d'Œdipe, mais de Zeus resplendissant !
Oui, l'impudent guerrier, l'audacieux éphèbe
Vont clamer ce mensonge à la face de Thèbe
Et moi, fille de pâtre aux voisines forêts,
Qui de la reine morte ai la taille et les traits,
Ils m'ont, m'ayant d'abord d'un long discours instruite
Dans l'antique tombeau de Jocaste introduite.
Ils m'ont fait endosser, atroce impiété,
Ce tissu glacial qu'une morte a porté,

Ils ont ceint mes cheveux d'étroites bandelettes,
Ils ont rougi d'un fard mes lèvres violettes,
Ils m'ont mis ces colliers d'or massif, ces joyaux,
Le funèbre apparat des ornements royaux.
Telle acoutrée en sa demeure souterraine
Moi l'esclave, je suis le spectre de la reine !
Je porte au cou le fin lacet qui l'étrangla.
Et quand les principaux de Thèbes seront là,
Prêtres des dieux, guerriers, vil peuple, altier dynaste,
Les fils d'Œdipe alors invoqueront Jocaste
Et moi j'apparaîtrai de l'abîme des morts !
— D'une telle imposture en moi j'ai le remords;
Mais n'étant qu'une esclave il faut que j'obéisse,
De leur crime je suis malgré moi la complice.
O Zeus, que ta fureur après cet acte affreux
M'épargne, malheureuse, et retombe sur eux !
Et toi, pardonne aussi, grande ombre profanée,
Ainsi que vous, ô dieux d'en-bas, pàle Aidonée !
Mais, qui vient là ? La peur violemment m'étreint.
Esclave, redescends dans ton noir souterrain.

II

Sur le péristyle du palais, ŒDIPE guidé par ANTIGONE

ŒDIPE

Guide d'un père aveugle, Antigone, ô ma fille !
Conduis mes pas tremblants vers où le soleil brille.
(*Il fait quelques pas*).
Mais assure-toi bien d'abord, que nul passant
Ne vient par là, que nul serviteur ne descend :
Car vainement la nuit entra dans ma prunelle,
Je vais enveloppé d'une honte éternelle,
Monstre exécrable, objet d'horreur sur le chemin,
Je souffre en me sentant vu par quelque œil humain.

ANTIGONE

Non, mon père, la route est déserte, personne !

ŒDIPE

Soleil, réchauffe donc mon vieux corps qui frissonne !
O feu vivifiant, âme des dieux, chaleur,
Sortilège azuré qui fait s'ouvrir la fleur,
Fécondante clarté, magnifique magie,
Ranimez de mon sang la froide léthargie !

Soleil, du haut du ciel qu'il est doux ton regard
Au front neigeux, aux corps engourdi du vieillard !
Ta lumière ainsi qu'une invisible caresse,
Emplit mes os noueux d'une muette ivresse,
Tu m'étreins, et ta flamme, ô roi du vaste aither,
D'un baiser si vivace enveloppe ma chair
Que je crois par moment te contempler encore
Avec sous mes sourcils deux prunelles d'aurore !

ANTIGONE

Prends de mon bras l'appui. Viens, mon père !

ŒDIPE

Merci,

O toi dans mon malheur clarté divine aussi !

ANTIGONE

Voici les hauts degrés marmoréens, prends garde!

ŒDIPE

Au bout de mon bâton, j'ai mon œil, — je regarde. —
(*Il descend les marches du péristyle*).

ANTIGONE

Et maintenant de quel côté guider tes pas?
Veux-tu que nous allions vers le coteau là-bas,
Le vignoble embaumé que picorent les grives
Ou du ruisseau voisin suivre les vertes rives?
Une colombe vole au loin dans l'air léger.
Un souffle doux m'apporte une odeur de verger.

Tout est rose, les murs du palais, les grands arbres,
Une étrange clarté scintille dans les marbres,
Hélios des sommets du pâle azur descend,
Le fleuve au loin est un miroir éblouissant,
Et Thèbes par delà le flot vert des prairies
Semble une grande fleur d'or et de pierreries!
Par où, père?

ŒDIPE

Je veux aller vers le soleil!
Enfant, guide mes pas vers l'occident vermeil.
J'aperçois par instant sous ma paupière close
Une lueur confuse, un vague brouillard rose,
Ah! puisses-tu conduire en l'aither plein de feu
L'aveugle contre l'astre au sein même du dieu!
Il me semble qu'alors en leur vigueur première
Mes yeux se rouvriraient de force à la lumière,
En un rayonnement invincible, éblouis!
Je suis las de cette ombre où je m'ensevelis,
J'ai peur de toujours voir des ténèbres! Ah! guide,
Enfant, mes pas obscurs vers la clarté splendide,
Que je puisse tourner mes yeux tachés de sang
Vers le soleil, le grand soleil resplendissant.

(Ils sortent).

III

Par le côté opposé à celui par lequel est sorti Œdipe, entre
une longue théorie portant des encensoirs et des rameaux
d'olivier. Le peuple de Thèbes, le chœur.

LE CHŒUR

I

Nous voici parvenus, peuple, chefs intrépides,
Au seuil royal du haut palais des Labdakides.
Nous voici, chers vieillards qui marchez à pas lents,
Devant le toit maudit et les degrés sanglants,
Les tristes lieux qu'avec le meurtre et l'épouvante,
Comme un spectre à tâtons le vieil Œdipe hante !

II

C'est là que subissant un malheur mérité,
Le fils de Laïos vit, effroi de la cité.
C'est là qu'avec ses fils, princes de cette terre,
Il habite en sa nuit, farouche et solitaire.
O demeure d'Œdipe, ô murs mystérieux !
C'est là qu'il est cet homme abject, haï des dieux,
Exécrable banni de la famille humaine !

III

Parfois le laboureur riverain de l'Ismène,
Qui reconduit son lent bétail vers l'abreuvoir,
Peut soudain, frémissant, sous ces colonnes voir
Surgir dans le ciel l'ombre immense de l'aveugle.
Alors l'homme se hâte au loin, le taureau beugle !

VOIX DANS LE PEUPLE

— Qui voit Œdipe est sûr d'éprouver quelque maux !
— Son regard fait périr l'homme et les animaux !
— Plus que l'éclair de Zeus et le vent qui dévaste
Au pays kadméen sa présence est néfaste !
— L'arbuste meurt, qu'il touche en passant de sa main.
— Malheur à qui l'a rencontré sur son chemin !
— Ma maison a pris feu !
                     — Ma brebis pleine avorte !
— Moi, je me suis brisé le pied !
                     — Ma femme est morte !
— L'enfant que j'allaitais s'est glacé sur mon sein !
— Il souille notre eau !
                     — L'air qu'il respire est malsain !
— Point de blé cette année !
                     — Hélas, pas une olive !
— Tout se corrompt !
                     — Un monstre est né de sa salive !
— Oui, nous fûmes témoins de prodiges affreux.
— Il attire sur nous la colère des dieux !

— Hélas !
                    Partout des deuils !
                                        — La mort suit la ruine!
— La peste éclatera bientôt et la famine !
— Ah ! puisses-tu périr, fils de Laïos !
                                        — A mort !

— Qu'il meure, le vieillard semeur de mauvais sort !
— Oui, malédiction sur l'impur Labdakide !
— Qu'il soit chassé de Thèbes!
                                    — A mort !
                                        — Qu'on le lapide!

LE CHŒUR

— Mais silence ! Taisons nos cris et nos sanglots,
La porte du palais ouvre ses battants clos.

IV

POLYNICE, ETEOCLE, roi de Thèbes, KRÉON,

LES SERVITEURS.

POLYNICE

Fils de Kadmos, ô vous, Chefs que Thèbes vénère,
Nous, vos rois ! lui, Kréon, notre oncle octogénaire,
Avons entendu, tels les flots contre un écueil,
L'écho confus de vos clameurs devant le seuil !

ETEOCLE

Mon frère et moi, du fond de la haute demeure,
Nous avons entendu vos voix criant : qu'il meure !
Qui doit mourir ? Lequel de nous deux, répondez,
Vieillards que nous avons ce soir ici mandés !

POLYNICE

De récentes rumeurs jusqu'à nous sont venues.
Nous le savons ainsi que vous, têtes chenues !
Oui, le peuple, dit-on, s'assemble en l'agora
Sur le parvis sacré du temple de Hérâ,
Au coin des carrefours et des publiques places,
Proférant contre nous injures et menaces.

Il se plaint hautement en ses propos hardis
Que nous soyons les Rois et nous nomme maudits !
Et voici qu'il assiège, audace par trop forte,
Avec des cris de mort notre royale porte.
Aussi nous vous avons fait venir, vous, les Chefs !
Quels sont vos vœux, et quels, s'il en est, vos griefs ?
Que nous reproche t-on ? en quoi, double monarque,
Avons-nous, imprudents, mis en péril la barque ?
Pourquoi ces poings crispés vers nous, ces mécontents ?
Parlez, que nous puissions agir, s'il en est temps,
Rendre la confiance à la Ville alarmée,
Reconquérir l'amour du peuple de Kadmée !

ETEOKLE

Nous sommes prêts, mon frère et moi, comme toujours,
A vous porter, s'il est possible, un prompt secours.
Car bien que Thèbe insolemment contre nous gronde,
Nous l'aimons dans nos cœurs d'une amitié profonde !

LE CHŒUR

O fils de Ménécée et vous, ô frères-rois !
Maîtres du sol thébain, vénérables tous trois,
Un triste évènement vers votre seuil amène
Le long gémissement de cette foule humaine.
Oui, nous venons par la nécessité contraints
Vous implorer au nom de tous, rois souverains !
Thèbe entière supplie et dans ma bouche vile
C'est l'innombrable voix de ma mère, la Ville !

POLYNICE

Qu'est-ce donc, ô vieillards, intruisez-nous, parlez !

LE CHŒUR

La foudre ouranienne a fait périr nos blés.
Un soleil trop ardent dessèche nos prairies.
Aucun germe n'éclot. Nos sources sont taries.
Mais le bétail qui meurt, la perte des moissons,
Est le moins douloureux mal que nous subissons.
J'en atteste Plutôn et les dieux de l'Erèbe,
Nombreuses sont les morts par ce temps-ci dans Thèbe.
Point de jour où du haut d'un tertre spacieux
La flamme d'un bûcher n'obscurcisse les cieux.
De toutes parts, ce sont des larmes et des plaintes !
Les âmes d'une angoisse affreuse sont étreintes,
Une étoile sanglante au ciel nocturne à lui ;
Helios en plein jour, ô prodige inouï,
S'est trouvé tout à coup recouvert de ténèbres,
Des morts se sont dressés dans leurs langes funèbres !
Aussi, non sans raison, le peuple épouvanté,
Craint qu'un nouveau fléau désole la cité.
C'est ainsi que jadis a commencé la peste !
Le souvenir toujours vit de ce temps funeste.
L'encens brûle, chacun cueille de verts rameaux
Et Thèbes pâle accuse Œdipe de ses maux !
C'est lui, croyance ancrée en l'esprit populaire,
Qui des dieux sur ce sol attire la colère,
Lui, la vivante cause, hélas ! des maux présents.
En effet, autrefois, et voilà bien des ans,
Portant de ses forfaits la souillure abhorrée,
Il devait à jamais quitter cette contrée.
Œdipe, — il l'implorait lui-même le premier, —
Devait fuir cette ville et son toit coutumier.

Or, ayant de ses yeux ensanglanté l'orbite,
Œdipe, — qui l'ignore? — en ce palais habite!
Sa présence en ces lieux pour nul n'est un secret.
Le soir sous ce portique il passe et disparaît
Et le pâtre de loin l'aperçoit dans la plaine,
Sombre épouvantement de la terre thébaine.
Votre amour filial bravant Zeus irrité,
Au pire des fléaux expose la cité.

POLYNICE

Que demandes-tu donc, Voix de ma Ville auguste?

LE CHŒUR

Ce que nous demandons, roi de ce sol, est juste!
Oui, nous qui sommes vos égaux, nous les Anciens,
Nous vous disons : Sauvez notre vie et nos biens!
Nous vous disons, nous, nés de Kadmos l'autochtone,
Ou qu'Œdipe s'en aille ou renoncez au trône!

POLYNICE

Peuple thébain, vieillards, venus vers ce palais,
Rendez grâces aux dieux et soyez satisfaits!
L'exécrable pouvoir d'une race flétrie
Ne t'oppressera plus, Terre de ma patrie!
Tu ne rougiras plus désormais de tes rois.

ETEOCLE

Ils sont finis pour vous les jours de longs effrois.
Ceignez vos fronts de fleurs, faites vibrer le sistre!
Vous n'aurez plus sur vous la grande ombre sinistre,
Vous n'aurez plus, troublant vos loisirs les plus doux,
Le geste menaçant de l'aveugle sur vous!

POLYNICE

Nous nous associons, cher peuple, à votre haine ¡

ETEOCLE

Œdipe s'en ira de la terre thébaine !

POLYNICE

Certe au trône jadis nous eussions renoncé,
Plutôt que de souffrir qu'Œdipe fût chassé,
Nous eussions abdiqué nos droits sur cette terre
Plutôt que d'en priver, même coupable, un père !
Mais en ce jour qu'Œdipe et les siens soient bannis !

ETEOCLE

Sans remords, à vos voix le chassant, je m'unis !

POLYNICE

Qu'il s'en aille au delà des bornes atlantiques !

ETEOCLE

Le feu purifiera de ses pas ces portiques !

POLYNICE

Œdipe n'est plus rien pour nous !

ETEOCLE

                      Moi, je le hais !

POLYNICE

Il ne rentrera pas ce soir dans ce palais !

ÉTÉOCLE

Qu'il se lamente et qu'il nous maudisse, s'il l'ose,
Lorsqu'il va revenir la porte sera close.

LE CHŒUR

Quoi, vous le chasserez ainsi de Thêbes, lui !

POLYNICE

Nous lui dirons va-t-en avec joie aujourd'hui.

LE CHŒUR

Vous lui direz va-t-en du seuil de sa demeure ?

ÉTÉOCLE

Oui, qu'il parte à tâtons dans la nuit et qu'il meure !

LE CHŒUE

O rois, pour le haïr ainsi quelle raison ?

POLYNICE

Vieillards, tandis qu'au loin tel qu'un rouge tison,
L'astre du jour descend sur la mer empourprée,
Vos rois vont vous le dire ! Ecoutez, fils de Rhée !

ÉTÉOCLE

Vieillards, nous avons fait un songe merveilleux !

POLYNICE

Un prodige, ô vieillards, a stupéfait nos yeux
Et pour l'apprendre à l'heure où le soleil décline
Vous gravites l'Apollonienne colline.
Une nuit, dans mon lit de pourpre je dormais,
M'étant couché le cœur plus triste que jamais.

ÉTÉOCLE

Etre les fils d'Œdipe, hélas! quel sort est pire ?

POLYNICE

Cette horreur que l'aveugle abominable inspire,
Nous que l'on croit ses fils nous l'inspirons aussi.

ÉTÉOCLE

Voyez nos fronts que ride un précoce souci.

POLYNICE

Nous vivons, subissant de cet homme le crime,
Dans notre honte ainsi qu'au fond d'un morne abîme.

ÉTÉOCLE

Oui, tout bonheur pour nous dans sa source est tari !

POYYNICE

Vieillards, mon frère et moi, nous n'avons jamais ri.

ÉTÉOCLE

Inguérissable plaie au cœur toujours saignante,
Des crimes paternels l'obsession nous hante.

POLYNICE

Donc un soir, dans mon lit de pourpre au chevet d'or
Je m'étais endormi d'un lourd sommeil de mort !
Tout dormait dans la nuit du grand palais nocturne.
Quand soudain, par Hermès au lumineux cothurne,

Quand soudain, et j'en prends à témoin Dyctinna,
Reine de l'ombre, un doux songe m'illumina !
Je voyais, le front ceint d'astres, transfigurée,
L'image de ma mère au fond de l'Empyrée !
Telle qu'une déesse au merveilleux péplos,
Elle était dans les bras du roi de l'Ouranos !
De merveilleuses fleurs aux humains inconnues
Ornaient ses longs cheveux !

ÉTÉOCLE

Ses jambes étaient nues !

POLYNICE

Et le sceptre du dieu brillait sous son pied blanc.

ÉTÉOCLE

Je la voyais dans un brouillard étincelant...

POLYNICE

D'un délice immuable en l'éther bleu ravie,
Elle resplendissaitd'une immortelle vie !
Et tandis qu'éperdu, debout dans mon sommeil,
Je convulsais mes bras vers son trône vermeil,
Elle nous souriait, sublime fiancée,
Du haut des cieux où Zeus la tenait embrassée !

ÉTÉOCLE

Vieillards, au même instant, j'étais ainsi que lui
Par ce songe superbe en ma couche ébloui.
Et remplissant nos cœurs de joie et d'épouvante

Cette apparition revint la nuit suivante.
Sept nuits encor !

POLYNICE

Vieillards, dans son sublime éclat
Un tel songe en nos yeux sept fois étincela.
Sept fois dans nos sommeils que sa présence embaume,
Nous vîmes resplendir le maternel fantôme !

ÉTÉOCLE

Or, une nuit, vieillards, nous nous apprétions
A faire un sacrifice et des libations
Nous avions déposé sur l'autel funéraire,
Le miel, l'orge pilé, le lait qu'on vient de traire,
Fait d'un jeune bélier ruisseler le sang chaud,
Et nous invoquions l'ombre chère tout haut,
Quand soudain nous glaçant d'une terreur sacrée,
L'image de Jocaste à nos yeux s'est montrée.

POLYNICE

Rigidement dans le tombeau de ses aieux,
Notre mère s'était dressée ouvrant les yeux.

LE CHŒUR

En la brume du soir quelque ombre vaine, certe !

ÈTÉOCLE

Elle était là debout dans sa tombe entr'ouverte.

POLYNICE

Elle était là debout dans sa robe aux longs plis,
Pàle, telle qu'au jour où je l'ensevelis.

Ses cheveux gris cerclés par l'or lourd du stephane,
Tombaient, épars autour de son cou diaphane.
Elle nous regardait silencieusement
Et de sa droite où brille un royal diamant,
Elle nous faisait voir à travers les pilastres,
Immobile, d'un grand geste auguste, les astres !

ETEOCLE

Vieillards, je la voyais ainsi que je vous vois.
Et nous étions tous deux sans mouvement, sans voix,
Nous la contemplions éblouis ! Alors elle
Fit entendre sa voix lente et surnaturelle,
Et nous sûmes divinement illuminés
De quel miraculeux amour nous étions nés !

LE CHŒUR

O rois, qu'a-t-elle dit la reine bien-aimée ?

POLYNICE

O chers veillards, peuple innombrable de Kadmée,
Oue Thèbe enfin le sache, elle et tous les vivants!
Que l'écho le répète aux voix des quatre vents!
Sachez-le ! que l'erreur ancienne se dissipe !
Nous ne fûmes jamais, peuple, les fils d'Œdipe.

ETEOCLE

Habitants de l'Hellas, innombrables cités
Terre sans bornes, cieux infinis, écoutez !
Nous ne naquîmes point, par le Styx, je l'atteste,
Des noires voluptés de l'effroyable inceste !

LE CHŒUR

Vous n'êtes pas les fils du Labdakide ?

POLYNICE

                 Non !
Et n'étant pas son sang nous renions son nom.

LE CHŒUR

Que dites-vous ?

POLYNICE

         Qu'enfin s'est faite la lumière
Que le fils de Laïos ne fut pas notre père !

LE CHŒUR

Quoi, vous n'êtes pas nés de l'aveugle maudit ?

POLYNICE

Notre mère elle-même, ô vieillards, nous l'a dit !

LE CHŒUR

Votre mère !

ÉTÉOCLE

        Oui, poussant de son tombeau la porte
Le spectre glorieux de notre mère morte !
Elle-même nous dit, voix qui jamais ne ment,
L'ouranien secret de notre enfantement !

LE CHŒUR

Mais de ceci quelle est l'irrécusable preuve ?

POLYNICE, *marchant vers le tombeau,*

Mère, mère, entends-moi par delà le noir fleuve !
Je t'appelle du fond de l'Hadès souterrain,

Franchis le Léthé glauque et la porte d'airain !
Si jamais tu m'aimas, entends-moi, cher fantôme !
Mère, nous t'invoquons du ténébreux royaume !
Dis-leur de quel baiser prodigieux et beau,
Tes fils sont nés, tes fils...

ÉTÉOCLE

Mère, sors du tombeau !

Apparition de l'Esclave

LE CHŒUR, *reculant sur le devant de la scène*

— Dieux puissants, qu'ai-je vu ?

Le ciel en feu s'éclaire !

De sa main soulevant la pierre tumulaire
Un spectre lentement se dresse ! Je frémis,
Jocaste dans sa tombe est apparue, amis !

LES SERVITEURS

Oui nous reconnaissons les traits de notre reine
Quand sur son lit de mort nous chantâmes le thrène !
C'est elle ; de mes yeux bien ouverts je puis voir
Son fantôme royal en la pourpre du soir.

V

L'ESCLAVE, LES MÊMES

L'ESCLAVE

Vivants, je suis Jocaste ! Autrefois sur la terre
Je tenais des Thébains le sceptre héréditaire.
J'étais grande et puissante, et par toute l'Hellas.
On enviait ma gloire et mon bonheur, hélas !
Laios fut mon époux, fatale destinée !
Un fils naquit de ce très illustre hyménée.
Vivants, vous savez tous comment, dans le chemin
De Delphes, fut tué Laios, de quelle main !
Et comment par la suite, ayant promis ma couche
Au vainqueur, quel qu'il fût de la sphinge farouche,
Revint, l'ayant vaincue, Œdipe très subtil !
Et mon trépas, quelqu'un de vous l'ignore-t-il ?
Jocaste d'un soudain désespoir éperdue,
Aux poutres de son lit nuptial s'est pendue !
O souvenirs affreux ! hélas ! maux effrayants !
Mais ce que nul de vous ne peut savoir, vivants,
C'est qu'ayant épousé par mon serment contrainte
Œdipe ! non, jamais je n'en subis l'étreinte.

Sous l'influence d'un secret pressentiment,
Le beau victorieux ne fut pas mon amant.
C'est en vain qn'on chanta sur nous l'épithalame.
La nuptiale nuit ne me fit pas sa femme.
Oui, des mortels, je n'eus que Laios pour mari !
D'un coupable baiser mon flanc n'est point flétri,
Les dieux m'ont épargné ce crime en leur clémence,
La malédiction de cet opprobre immense !
— O vieillards, et ceux-ci, mes fils, sont nés d'un dieu !
Zeus m'aima, l'Ouranide aux caresses de feu !
Du fond de mon tombeau, morte, je le proclame,
Pour un dieu j'ai brûlé d'une adultère flamme !
Zeus m'aima ! j'aimai Zeus !

POLYNICE

Vieillards, l'entendez-vous ?

JOCASTE

O délice suprême ! ô radieux époux !
Ainsi que Danaé, telle la blonde Alcmène,
Fils, je vous ai conçus d'une amour surhumaine.
Non, vous n'êtes pas nés de l'aveugle odieux,
Mais vous êtes le sang de Zeus, le sang des dieux !

VI

Les mêmes, moins l'Esclave

POLYNICE

Vieillards, vous l'avez vue et de sa voix sonore
Elle a parlé ! Vieillards, qui de vous doute encore ?

— Mère, mère, ô grande ombre en l'Hádès éternel,
Nous t'offrirons dès l'aube un pain d'orge et de miel,
Nous ferons ruisseler à l'entour de ta tombe,
En ton honneur le sang fumant d'une hécatombe.
Mère, merci d'avoir clamé la vérité
Du fond de ton sépulcre et de l'éternité !

ÉTÉOCLE

O Thébains, entonnez la Païan de la joie,
Que la flûte résonne et qu'ici l'on festoie !
Ils sont finis les jours de tristesse et de deuil,
Que le bonheur franchisse à nouveau notre seuil !
Entrez dans le palais ! Passez sous le portique !
Vieillards, elle n'est plus sur nous la tache antique !
Nous pouvons, purs enfin du crime originel,
Frère, lever le front sans rougir vers le ciel !

Tous rentrent dans le palais, les portes se referment.

VII

LE CHŒUR, LE PEUPLE

I

Thèbes, réjouis-toi ! Que le ciel retentisse
Des noms chéris d'Etéocle et de Polynice !
Dansons, chantons ! à flots faisons couler le vin !
Nos maîtres glorieux sont nés de Zeus divin.

II

Sois loué, Zeus du haut du pavé d'or stellaire !
Une femme eut le don merveilleux de te plaire.
Soit loué, dieu qui sais te métamorphoser
Pour jouir d'une étreinte ardente et d'un baiser,
Dieu tendre, qui souvent préféras aux déesses
Le vertige enivrant des humaines caresses !
Sois glorifié, père immortel de nos rois !

III

Déjà dans Thèbe, ô Zeus, tu descendis deux fois.
Et voici qu'en ce jour, stupeur de la nature,
Nos pilotes royaux sont ta progéniture,
Qu'ils sont nés, ô prodige, ô terme de nos maux,
Comme Heraklès et les Dioscures jumeaux !

LE PEUPLE

Mais qui vient là ?

                — C'est lui guidé par Antigone.
— Fuyons, j'aimerais mieux voir ta tête, ô Gorgone
Que le rouge œil béant du sinistre vieillard !
— Voile ta face, enfant !

                   — Il souille le regard !
— Malheur à moi, j'ai vu luire son crâne chauve !
— Dispersons-nous !

             — Qu'un Dieu secourable nous sauve !
— Fnyons sans regarder en arrière, fuyons
L'aveugle affreux en proie aux malédictions !

VIII

ŒDIPE, ANTIGONE

ŒDIPE

O ma fille, rentrons au palais. La nuit tombe.
J'ai faim, et mon vieux corps de fatigue succombe.

ANTIGONE

Père, voici le seuil de la demeure.

ŒDIPE

Enfin !

J'ai trop marché ce soir ; je suis las et j'ai faim.
Par l'âge et le malheur ma force est épuisée,
N'as-tu point froid ? Je sens des gouttes de rosée.

ANTIGONE

Lève les pieds, les hauts degrés du seuil sont là !
(*Œdipe monte les marches du péristyle*).

ANTIGONE

Dieux, mon père, la porte est fermée.

ŒDIPE

Ouvre-la !

ANTIGONE

Elle est fermée avec la barre intérieure...

ŒDIPE

Eh quoi ! qui donc a clos ma royale demeure
Avant que moi, l'aïeul, le chef ne soit rentré ?
Serviteur oublieux, crains le vieux maître outré !

ANTIGONE

Je ne puis pas ouvrir...

ŒDIPE, *frappant de son bâton.*

Holà ! Holà ! Qu'entends-je ?
Quelle est dans mon palais cette rumeur étrange ?
Ecoute, mon enfant, écoute ! Entends-tu pas
Des rires à travers le mur, des voix, des pas ?
Au fond du vestibule une lyre résonne !
Qu'est-ce là ? Suis-je bien sous mon toit, Antigone ?
Qui donc se ceint de fleurs, qui donc vient festoyer,
Qui donc ose ainsi rire, Œdipe, en ton foyer !

ANTIGONE

Quelque esclave ivre...

ŒDIPE

Certe un misérable esclave
Peut seul de mon palais troubler la règle grave !
(*Il frappe à nouveau*).
— Holà ! quelqu'un au seuil ! Fils, fils, êtes-vous sourds ?
Polynice, entends-moi ! Cher Etéocle, accours !

ANTIGONE

Frères ! Frères !

ŒDIPE

La porte est close par mégarde.
Ouvrez, fils, il fait froid pour qui dehors s'attarde !

IX

POLYNICE, ETEOCLE, CREON, LE CHŒUR DES
VIEILLARDS, LES SERVITEURS, PUIS ISMENE.

POLYNICE

Mendiant, pour frapper aux portes il est tard !

OEDIPE

O Zeus, qu'ai-je entendu !

ÉTÉOCLE

   Que nous veux-tu vieillard ?
C'est ici le palais des fils de l'Ouranide !

ŒDIPE

C'est mon palais.

POLYNICE

  Quel est ce vagabond livide,
Cet aveugle en la nuit venu d'on ne sait où ?

ŒDIPE

C'est mon palais, je suis votre père.

ETÉOCLE

     Il est fou !
C'est ici le palais des rois de la Cadmée !

POLYNICE

Notre mère jadis par les dieux fut aimée !

ŒDIPE

Est-ce mon fils qui parle ? Antigone est-ce-lui ?
Que s'est-il donc passé sous mon toit aujourd'hui ?

ÉTÉOCLE

Il s'est passé ceci que tu n'es plus mon père.

POLYNICE

Ni le mien !

ŒDIPE

Qu'est cela !

POLYNICE

Notre naissance est claire !

ŒDIPE

Vous n'êtes pas mes fils ! Ma fille, ai-je compris ?

ANTIGONE

Frères, que dites-vous ?

ŒDIPE

Hélas ! enfants, je ris !
Qui des humains ne sait, sous les cieux sans limites,
De qui pour mon malheur éternel vous naquîtes !
De l'univers entier cela n'est-il pas su ?

POLYNICE

Œdipe, tu n'es pas notre père, entends-tu !

ŒDIPE

Justes dieux ! puissiez-vous avoir dit vrai ! puissè-je
N'avoir point consommé l'union sacrilège !
Fasse un dieu que jamais Jocaste en vérité
N'eut dans ses flancs aucun fils d'Œdipe porté,
Que tout ce noir passé qui m'assiège sans trève,
O douce illusion, ne fut qu'un affreux rêve !
Hélas ! je sais trop bien ce qui fut ! Je ne puis
T'arracher, souvenir des conjugales nuits,
Maudites voluptés, nuptiale victoire,
Purifier de votre image ma mémoire !
La vision toujours, hélas ! est dans mes yeux
De l'épouse royale au corps délicieux.
De son baiser ma lèvre est à jamais amère !
Je vois toujours le lit où j'ai dompté ma mère.

POLYNICE

Vieillard menteur, jamais tu ne la possédas !

ŒDIPE

Que n'est-ce en vain, enfants, que je l'aimài, hélas !
Mais en proie au destin et dans la nuit complice
Mon corps a tressailli du monstrueux délice !

POLYNICE

Hideux vieillard, tu mens! Nous sommes fils d'un dieu !

ÉTÉOCLE

Le sang de Zeus est nôtre !

ŒDIPE

        Enfants, cessez ce jeu !
Vous ne fûtes que trop mon sang ! Allons, fils, place !
A discourir ainsi dehors, mon front se glace.

POLYNICE

Tu ne souilleras plus notre antique maison !

ŒDIPE

Fils, avez-vous trop bu, perdez-vous la raison ?
Ce palais est le mien, ici je suis le maître !

POLYNICE

Tu ne l'es plus !

ŒDIPE

Et qui peut m'empêcher de l'être ?
Place ! ou bien prenez garde, encor qu'aveugle et vieux,
Enfants qui m'insultez à mon bâton noueux !
Et vous, race toujours fidèle à ma famille,
Serviteurs, laissez-moi rentrer avec ma fille.

LE CHOEUR, *s'avançant*

Vieil Œdipe, ton seuil n'est plus ici !

ŒDIPE

Comment !

LE CHOEUR

Oui, Thèbes, de t'avoir en ses murs s'alarmant,
Fils de Laios, souillé d'un crime inexpiable,
Te chasse ! Porte ailleurs ta tête misérable.

ŒDIPE

Quoi, de mon propre toit et de Thèbe exilé !

LE CHŒUR

Tu ferais nos enfants mourir, sécher le blé !
Tu ferais fondre encor en la nuit délétère
Mille calamités sur nous et cette terre.
Va-t-en ! Sois au plus tôt hors du sol Cadmeien !

POLYNICE

Nous sommes fils de Zeus et ne te devons rien !

ŒDIPE

Fils, fils, de votre père Œdipe avez-vous honte ?
Je suis las. Le vent souffle et la nuit froide monte.
Allez-vous tel qu'un chien...

ÉTÉOCLE

Prends cette bourse d'or !

ŒDIPE

J'ai faim, et j'ai senti, — fils, fils, — je sens encor
Une odeur d'agneau cuit à travers la muraille.

POLYNICE

Soit ! qu'on lui donne un os de porc et qu'il s'en aille !

ŒDIPE

Fils, fils dénaturés sous vos dons, je bondis !
Ah ! malédiction sur vous ! Soyez maudits !
Ronge cet os ! Reprends, misérable, ta bourse !
Ma faim s'apaisera ; pour ma soif, j'ai la source !
Vous avez dans le cœur des sentiments hideux.
Abominables fils, je vous maudis tous deux !
Puisse Zeus qui m'entend, Zeus de qui plein d'audace
Vous osez devant moi vous proclamer la race,
Vous faire un jour souffrir des maux égaux aux miens,
Et me venger de vous sur tous les Cadmeiens !
Que la pâle Erynnie aux cheveux de vipères
Se rue à mon appel hors de ses noirs repaires,
Si dans le ciel il est une justice encor,
Que les louves d'Hadès hantent vos trônes d'or !

J'invoque contre vous, postérité barbare,
Les dieux de l'Ouranos et les dieux du Tartare,
Tous les daîmôns vengeurs des pères outragés,
Puissiez-vous tôt périr l'un par l'autre égorgés,
Fantômes furieux dans le Styx noir descendre,
Et que Thèbes s'écroule en feu sur votre cendre !
Vous avez renié votre père et voici
Les dons qu'en le chassant vous lui faites, merci !
Recevez en retour, race vraiment royale,
Les imprécations que ma colère exhale !
Tels sont mes dons à moi, bons fils, fils excellents !
Je vous maudis encor de mes deux bras tremblants.

POLYNICE

Invective à ton gré, tu n'es pas notre père !

ŒDIPE

Je le suis ! j'en atteste, hélas, non la lumière,
Mais la nuit de mes yeux sanglants que je crevais !
Vous naquîtes de moi tous deux, ô très mauvais !

ÉTÉOCLE

Zeus a permis qu'une ombre échappée à l'Erèbe
Nous révéla notre origine ainsi qu'à Thèbe.
Et toi, pâle Antigone aux yeux pleins de douceur,
D'Œdipe tu n'es pas la fille, étant ma sœur !
Tu naquis comme nous du céleste Ouranide,
Viens ! qu'un esclave soit de l'aveugle le guide !

*(Antigone se suspendant au cou d'Œdipe avec
un grand cri).*

ANTIGONE

Je l'aime, il est mon père !
(*Sur le seuil du palais, Ismène échevelée apparaît.*)

ISMÈNE

Il est mon père aussi !

ŒDIPE

O mes filles !

ISMÈNE

(*retenue violemment par ses frères sur le péristyle*)
Père ! Père !

POLYNICE

Ismène, reste ici !
Femmes, reconduisez au fond du gynécée,
De force, et sans tarder, cette vierge insensée !
(*Aux serviteurs.*)
Vous, fermez promptement notre seuil souverain !
Mettez la double chaîne et la barre d'airain.
Serviteurs, hâtez-vous, poussez la lourde porte.
Que personne au palais n'entre ni ne ressorte !
— Et toi, vieillard maudit, et toi, sa fille, allez !
De Thèbes à jamais vous êtes exilés.

X

ŒDIPE, ANTIGONE, puis la VOIX D'APOLLON

La porte du palais se referme. La nuit est venue.

ANTIGONE

O mon père !

ŒDIPE

O ma fille!

ANTIGONE

Hélas !

ŒDIPE

Mon Antigone !
Laisse-moi, que ta main dans ma nuit m'abandonne !
Cesse de ramener au droit chemin mes pas,
Je saurais bien tout seul marcher vers le trépas !

ANTIGONE

O mon père, espérons en un dieu pitoyable!

ŒDIPE

Je hais les dieux qui font qu'un tel malheur m'accable !

ANTIGONE

Mon père, un astre brille au ciel bleu de la nuit.

ŒDIPE

Je hais comme le jour l'astre divin qui luit !
Puissé-je avoir du fer de l'agrafe acérée,
Crevé tous ces yeux d'or du céleste empyrée !
Je sens du haut du ciel sur moi leurs regards lourds !
Moi je ne les vois plus, mais eux me voient toujours !

ANTIGONE

Viens, viens !

ŒDIPE

       O mon enfant, retire de la mienne
Ta main ! Je veux aller dans la nuit souterraine.
Jadis étant enfant, berger et bûcheron,
J'ai vécu dans les bois sur le haut Kythéron !
Et si vivace en moi ce souvenir demeure,
Que j'y saurais marcher ainsi qu'en ma demeure.
De l'âpre solitude où gémit mon berceau,
Je connais les sentiers, les rochers, le ruisseau
Et la montagne m'est encor si familière
Que je pourrais te dire où dort sous le lierre
Actéon dévoré par ses chiens furieux !
Ou bien, car la légende emplit ces sombres lieux,
Dans quel vallon Panthée enguirlandé d'acanthes
Fut tué par sa mère ivre et par les bacchantes !
Or j'y connais un roc épouvantable et fier

Dressant sa tête immense au-dessus de la mer,
Un roc déjà fameux par plus d'un crime horrible,
Miné des flots, que Zeus de son tonnerre crible !
C'est là qu'Ino, précipita, mère assassin,
Dans l'abîme le fruit coupable de son sein.
Heureux qui n'a vécu qu'un jour, ombee éphémère !
Avec moi, plût aux dieux qu'eût fait ainsi ma mère !

ANTIGONE

Dieux, père !

ŒDIPE

    O mon enfant, je veux vers ce rocher
Vertigineux, d'un pas non hésitant, marcher !
Mes fils m'ont renié, Thèbe ingrate m'exile,
O monts, redevenez mon sépulcral asile !
Œdipe vous supplie, ô monts, reprenez-moi
Dans votre neige ainsi qu'en un linceul de roi !
Jadis je fus voué sur vos flancs au supplice,
Que l'ordre de mon père aujourd'hui s'accomplisse !
Que je meure, vieillard, en ce site effrayant
Où j'aurais dù, les pieds troués, mourir enfant !
Me voici, reprenez votre ancienne victime.
Ce cadavre est à vous, je te le rends, abîme !

ANTIGONE

Vers la grève ou les monts, quel que soit le chemin,
Rien ne me fera. père, abandonner ta main.
Que Zeus tonne en la nue ou que la terre tremble,

Je t'étreindrai, robuste, et nous mourrons ensemble !
Partout je guiderai tes pas, mort ou vivant,
Et si tu vas dans le tombeau, je vais devant !

ŒDIPE

Dieux, comment d'une race au mal prédestinée,
Antigone, vierge sublime est-elle née !
Par quel mystère, ô Zeus, quel prodige éclatant
Des siens dénaturés diffère-t-elle tant !
Mais voulant me sauver, ta tendresse t'égare,
Ton amour te rend plus que tes frères, barbare !
Hâte plutôt ma mort si tu m'aimes vraiment.
Pour Œdipe la vie est le pire tourment !
Guide mes pas, si tu le veux. vierge propice,
Vers la mer écumante ou quelque précipice !
Ah ! certe il me plairait de mourir en ce lieu
Où la sphinx autrefois, vierge ailée à l'œil bleu,
Sur sa borne conique en silence accroupie,
Proposait son énigme aux passants qu'elle épie !
C'est là qu'il faut guider mes pas, enfant c'est là !
Sur le roc que le sang du monstre macula,
Monstre plus effroyable encore, assieds ton père !
Telle la vierge aux doigts griffus dans son repaire,
Je proposerai, moi, ployé sur mes genoux
Le mystère insondé de mes destins ! — O vous,
Hommes de la montagne, habitants de la plaine,
Vous tous qui fécondez l'immense terre Hellène,
Peuple d'Elide, riverains de l'Eurotas,
Qui me dira le mot de cet énigme, hélas !
Qui de vous résoudra de mes jours le problème ?

Moi qui vainquis la sphinx, hélas, hélas, moi-même !
Je ne puis l'éclaircir et recule incertain
Devant l'inexplicable horreur de mon destin !

(*Une grande lumière au-dessus du palais, la Voix
du dieu Apollon.*)

APOLLON

Les dieux, Œdipe, un jour t'expliqueront ces choses.
Il est aux maux humains de surhumaines causes !
Je suis le fils de Zeus, Phoibos ceint de clarté !
La lumière te parle, aveugle, en vérité !

ŒDIPE

Je veux mourir !

ANTIGONE

Que faire, ô dieu, dans ce désastre ?

APOLLON

Enfant, guide ton père en la nuit vers cet astre !
Il est non loin de Thèbe un pays glorieux
Où règne l'équité, que protègent les dieux !
Marche, enfant, l'œil levé vers l'étoile lointaine,
Bientôt vous atteindrez le sol sacré d'Athène.
C'est là qu'est de tes maux le terme, Œdipe, enfin !
Là, que tu dois mourir, mais d'un trépas divin.

ŒDIPE

Mourir !

APOLLON

Oui, tu mourras quand d'augustes déesses
Auront été, vieillard Œdipe, tes hôtesses
Et qu'ayant eu pitié de toi les suppliant
Elles auront offert un siège au non-voyant.
Alors enveloppé d'un inouï mystère,
Tu t'anéantiras dans le sein de la terre,
Et ta cendre sera pour l'heureuse cité
Un gage sûr d'éternelle prospérité.
Sans faiblir, marche donc vers Colonne en l'Attique.
Il est proche, crois en mon verbe prophétique,
Le jour où de tes mains tu toucheras le port,
Dans la splendeur éblouissante de la mort !

*(La lumière Apollonienne disparaît. Œdipe et Antigone
marchent lentement vers l'étoile.)*

FIN

PARIS. — IMP. CHARLES SCHLAEBER, 257, RUE SAINT-HONORÉ.

www.ingramcontent.com/pod-product-compliance
Ingram Content Group UK Ltd.
Pitfield, Milton Keynes, MK11 3LW, UK
UKHW031750170726
13836UKWH00002B/969